AF312162

LES

FLEURS DE VILLEMOMBLE

POÉSIES NOUVELLES

LES

FLEURS DE VILLEMOMBLE

POÉSIES NOUVELLES

DE

PIERRE LACHAMBEAUDIE

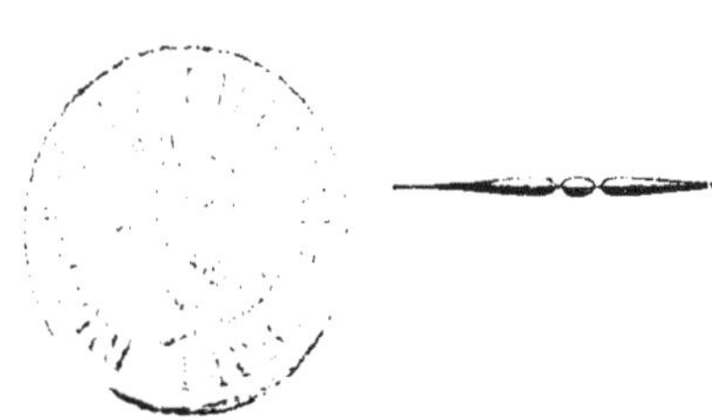

CHEZ L'AUTEUR :

A VILLEMOMBLE,
RUE DE NEUILLY, 4.

1861

LES

FLEURS DE VILLEMOMBLE

CHANSONS

L'ÉCOLE BUISSONNIÈRE.

Frères, amis, lorsque nos bons parents
Nous envoyaient à l'école primaire,
Vous souvient-il, armés d'une grammaire,
Que nous suivions deux chemins différents?
Quand se glaçait votre âme prisonnière
Sur un pensum monotone et savant,
Moi, j'aspirais de Dieu l'esprit vivant,
Tout en faisant l'école buissonnière.

La peur du maître où d'un père irrité,
Ni des cachots la sombre perspective,

Tant me pressait une voix instinctive,
Dans mon essor ne m'auraient arrêté.
Prenant pour lit la mousse printanière,
Je m'étendais sur le bord d'un ruisseau.
Là, de mes vers fut le riant berceau,
Là, je faisais l'école buissonnière.

Comme nos sorts, nos vœux furent divers :
En politique, en amour, ô mes frères,
Quand, presque tous, vous faisiez des affaires,
En tout alors, moi, je faisais des vers.
Sans dévier suivant la même ornière,
Qui vous poussa? Le devoir, l'intérêt...
Seul le hasard ou le cœur m'inspirait :
Je fis toujours l'école buissonnière.

Quand la fortune a pour vous tant d'appas,
Vers la nature avec foi je m'élance ;
Votre fierté rit de mon indolence ;
Mais avec vous je n'échangerais pas.
Riches, puissants, à notre heure dernière,
Pleins de regrets la mort vous frappera :
Moi, plus heureux, elle me trouvera
Faisant encor l'école buissonnière.

GRAIN-DE-BEAUTÉ.

Grain-de-Beauté, c'est ma maitresse,
C'est ma houri, c'est ma déesse ;
Aucune reine, en vérité,
N'égalerait Grain-de-Beauté.

Jamais je ne vis sa pareille ;
L'amour en fit une merveille,
 Vrai diamant
 Pour un amant.
Comme une fée elle travaille ;
Son feu n'est pas un feu de paille :
 Quel hameçon
 Pour un garçon !

Grain-de-Beauté, c'est ma maîtresse,
C'est ma houri, c'est ma déesse :
Aucune reine, en vérité,
N'égalerait Grain-de-Beauté.

L'avare, en te voyant, ma belle,
Échangerait son escarcelle

Et tout son or
Pour mon trésor,
Et l'habitant de la chaumière,
Sous ton regard plein de lumière,
Pousse un soupir
Gros de désir.

Grain-de-Beauté, c'est ma maîtresse,
C'est ma houri, c'est ma déesse ;
Aucune reine, en vérité,
N'égalerait Grain-de-Beauté.

Jamais mon cœur pour une femme
Ne ressentit pareille flamme,
Ni tel amour
Jusqu'à ce jour.
Voyez pourtant ! dans mon délire,
Parfois je souffre le martyre :
Que voulez-vous ?
Je suis jaloux.

Grain-de-Beauté, c'est ma maîtresse,
C'est ma houri, c'est ma déesse ;
Aucune reine, en vérité,
N'égalerait Grain-de-Beauté.

TANT QUE MON CŒUR BATTRA.

En vain par un sort inflexible
Au berceau fut-il arraché,
L'homme par un fil invisible
Au sol natal reste attaché.
Alcyon regrettant la plage,
Rossignol pleurant son bocage,
Mon cœur, mon cœur, tant qu'il battra,
Vers son doux nid revolera.

Combien de fois, dans la prairie,
Dans les forêts, sous les buissons,
J'ai, fidèle à ma rêverie,
Cueilli des fleurs et des chansons !
Fleurs des champs, fleurs de poésie,
Suaves comme l'ambroisie,
Mon cœur, mon cœur, tant qu'il battra,
De vos parfums s'enivrera.

Mon cœur, de la guerre et des haines
Abhorrant le règne fatal,
Voit les félicités humaines
Dans les sphères de l'idéal,

Vous qui pleurez sur cette terre,
Artiste, femme, prolétaire,
Mon cœur, mon cœur, tant qu'il battra,
Sur vos douleurs s'attendrira.

Mon âme, depuis son enfance,
Élève un temple à la beauté,
Et ma muse pieuse encense
Ses attraits et sa majesté.
A mes yeux jamais un nuage
Ne ternira sa douce image.
Mon cœur, mon cœur, tant qu'il battra,
Pour la beauté soupirera.

QUI M'AIME ME SUIVE!

O races humaines,
Formez vos faisceaux ;
Brisez de vos chaînes
Les derniers anneaux.
Le lâche se prive
D'immortalité...
Qui m'aime me suive !
Dit la Liberté.

Fuis, sombre ignorance,
Sous ton noir manteau;
Que de la science
Brille le flambeau.
L'âme se ravive
A cette clarté...
Qui m'aime me suive!
Dit la Vérité.

Paix du cœur, succède
A la soif de l'or;
Par toi l'on possède
Un rare trésor.
Pour que l'homme vive
Dans sa dignité,
Qui m'aime me suive!
Dit la Probité.

Aimer son semblable,
Donner, recevoir,
Seul but désirable,
Seul droit, seul devoir.
Que ton règne arrive,
O fraternité!
Qui m'aime me suive!
Dit l'Humanité.

AU GUEUX LA BESACE!

Le malheur accablera
   Le gueux, quoi qu'il fasse,
Et toujours on redira :
   Au gueux la besace !

En landau le parvenu,
   Là-bas, se prélasse ;
Le pauvre à pied va tout nu :
   Au gueux la besace !

De sa maîtresse Isabeau
   Quand Mondor se lasse,
Au pauvre il en fait cadeau :
   Au gueux la besace !

Pour oublier leurs tourments
   Sa femme l'embrasse,
Et lui pond quatorze enfans :
   Au gueux la besace !

Au salon, le perroquet
   Brave neige et glace :

Dehors tremble le friquet :
  Au gueux la besace !

La vie ? un tripôt où tous
  Le hasard nous place ;
Le riche a tous les atouts :
  Au gueux la besace !

Dans un palais de cristal
  L'un vit et trépasse ;
L'autre, dans un hôpital :
  Au gueux la besace !

Malheureux, toujours le sort
  Te fait la grimace ;
De la naissance à la mort,
  Au gueux la besace !

LA LEÇON DE L'AIGUILLE.

Allons, mon aiguille,
O mon gagne-pain !
Vois, la lampe brille ;
Mettons-nous en train.

Il faut du courage
Afin que l'ouvrage
Soit prêt pour demain.

Demain, vous aurez, madame,
Satin, dentelle, velours,
Et vous serez, sur mon âme,
Belle comme les amours...
Comme vous je serais belle,
Et bravement, c'est certain,
Je porterais la dentelle,
Le velours et le satin !

(*Elle se pique*) Aie!... aussi, à quoi vais-je penser?.... C'est bien fait, mademoiselle ; cela vous apprendra à faire la coquette, au lieu de vous occuper de votre travail...

Allons, mon aiguille,
O mon gagne-pain !
Vois, la lampe brille ;
Mettons-nous en train.
Il faut du courage
Afin que l'ouvrage
Soit prêt pour demain.

Demain, qu'elle est triomphante !
J'entends, bonheur sans égal,
Des danseurs la foule ardente
L'acclamer reine du bal....

Près de vous, ô souveraine,
Si j'étalais ma beauté,
Ah ! comme je serais vaine
De ma part de royauté !...

(*Elle se pique plus fort*) Aïe! aïe! (*se portant le doigt à la bouche*) Ah ! maudite aiguille, tu m'as piquée jusqu'au sang !..... C'est ma faute, après tout. Pourquoi vais-je me mettre dans la tête ces sots rêves d'orgueil!... Allons, reprenons tranquillement mon ouvrage, et repoussons bien loin ces vilaines pensées....

Allons, mon aiguille,
O mon gagne-pain !
Vois, la lampe brille ;
Mettons-nous en train.
Reprenons courage
Afin que l'ouvrage
Soit prêt pour demain.

Demain, que viens-je d'entendre ?
Le danseur le plus brillant
(Elle ne peut s'en défendre)
Lui donne un baiser brûlant....
Mon cœur tressaille, il s'embrase
A ce tableau si charmant ;
Qu'elle ivresse, quelle extase !
C'est un éblouissement...

(*Elle se pique plus fort et pousse un cri; le sang coule de son doigt; elle l'entoure de son mouchoir et pousse des plaintes*)

Ah ! malheureuse que je suis ! scélérate d'aiguille, que tu m'as donc
fait de mal ! Mais j'ai tort de m'en prendre à elle ; n'est-ce pas moi
seule qui suis à blâmer ?.... Au lieu de m'occuper de mon travail, je
me berce de rêves dangereux.... Décidément, je veux être sage, et
ne penser qu'à remplir la tâche qui m'est imposée...

Allons, mon aiguille,
O mon gagne-pain !
Vois, la lampe brille ;
Mettons-nous en train.
Doublons de courage
Afin que l'ouvrage
Soit prêt pour demain.

ENCOR.

A mon ami Renard, de l'Opéra.

Dans sa couche de soie
Le cher enfantelet
Ouvre un œil plein de joie,
Une bouche de lait.
Dès l'aube, on le caresse,
Le jeu prend son essor,
Et l'enfant dit sans cesse :
Encor !

Les souvenirs d'enfance
Sont remplis de douceur :
Avec impatience
A ma tante, à ma sœur
Je demandais un conte,
La *belle aux cheveux d'or*,
En leur disant : raconte
        Encor !

Le vin est délectable,
C'est le nectar des Dieux ;
Il rend gai, secourable,
Ardent, audacieux.
Que le jus de la treille
Coule du rouge bord....
Coule, liqueur vermeille,
        Encor !

Mot suave et sonore,
Souffle mélodieux,
Surtout lorsqu'il implore
Baiser délicieux !
Quel plaisir de l'entendre
Lorsque, dans son transport,
Murmure une voix tendre :
        Encor !

ENVOI.

La foule recueillie
T'admire, ô ménestrel,
Chante la *Fleur cueillie*,
Les *Cloches*, la *Noël*.
Quand ta voix nous enchante,
O ravissant ténor,
Chacun te crie : oh ! chante
        Encor !

J'AI FAIT SON BONHEUR.

Je suis vieille et laide,
C'est très affligeant ;
Par bonheur, l'argent
En ma faveur plaide.
D'un homme d'honneur
J'étais amoureuse ;
J'ai fait son bonheur,
Qu'il me rende heureuse.

Je suis le modèle
Du plus tendre amour ;

Qu'il soit à son tour
Et tendre et fidèle.
Brûlant est mon cœur,
Mon âme, rêveuse....
J'ai fait son bonheur,
Qu'il me rende heureuse.

Rien n'est plus suave
Que la vie à deux :
Loin des envieux
Je le tiens esclave.
De l'amour la fleur
Est mystérieuse...
J'ai fait son bonheur,
Qu'il me rende heureuse.

L'ONDINE.

Comme Vénus, ô ma charmante,
On te vit naître sur les flots ;
Ton âme, ô sœur des matelots,
Comme la mer est inconstante.
De tes dents en voyant l'émail,
Et tes lèvres dont je raffole,

J'ai compris ta passion folle
Pour les perles et le corail.

La mer renferme sous les sables,
Sous les algues, sous les récifs
Les naufrages pour les esquifs,
Et des trésors inépuisables.
Fille de l'onde, ta beauté
Par milliers compte les victimes ;
Ton cœur renferme des abîmes,
Et des trésors de volupté.

Lorsque la mer impétueuse
Épouvante les passagers,
Son calme apaise les dangers
Où court la foule aventureuse.
Belle, dans tes emportements,
Ton front se couvre de nuages ;
Eh bien ! je brave les orages
Pour tes divins embrassements.

AIMEZ-MOI COMM'VOS BÊTES.

Ah ! madam', qu'vos bêt's sont heureuses
De s'voir par vous aimer ainsi !

Malgré mes œillad's amoureuses,
D'mon martyr' vous n'avez souci.
Ah ! si vous m'faisiez l'quart des fêtes
Qu'vous fait's à tous vos animaux !.....
Aimez-moi seul'ment comm' vos bêtes,
Vot'chien, vot'chat, vos p'tits oiseaux.

Vot'chien qu'est méchant comme un'gale,
Mord tout le monde, excepté vous ;
D'vos embrass'ments l'coquin s'régale,
Et vous l'dorlotez sur vos g'noux.
Entre vos lèvr's si mignonnettes
Il s'pourliche d'sucre et d'gâteaux....
Aimez-moi seul'ment comm'vos bêtes,
Vot' chien, vot' chat, vos p'tits oiseaux.

Dressant la queue et les oreilles,
Vot' chat sur vous fil' son rouron ;
Il fait des gambad's sans pareilles,
Il se p'lotone et s'met en rond.
Si vous saviez quell' pein' vous m'faites
Quand j'vois toucher vos deux museaux !...
Aimez-moi seul'ment comme vos bêtes,
Vot' chien, vot' chat, vos p'tits oiseaux.

D'vos oiseaux pas un n'est farouche,
Tant vous savez caqu'ter avec ;
Vous mettez vot' bec dans leur bouche,
Non, dans vot' bouche ils mett'nt leur bec.

Quand pour eux si gentill' vous êtes,
Faut-il donc qu'vous riiez d' mes maux !....
Aimez-moi seul'ment comm' vos bêtes,
Vot' chien, vot' chat, vos p'tits oiseaux.

TOUTE VÉRITÉ N'EST PAS BONNE A DIRE.

D'une foi nouvelle
Qu'un sage inspiré
A nous se révèle,
Le martyr sacré
En prison respire
Un air empesté....
Toute vérité
N'est pas bonne à dire.

Elmire répète :
J'ai dix-huit printemps !
Ma muse indiscrète
Chante ses trente ans.
Sur l'amour d'Elmire
En vain j'ai compté....
Toute vérité
N'est pas bonne à dire.

Qu'un rimeur fredonne
Maint couplet boiteux,
Sans fiel je lui donne
Un conseil ou deux.
Mais une satire
Paîra ma bonté...,
Toute vérité
N'est pas bonne à dire.

LE DIABLE ERMITE.

Du juge divin
Bravant la sentence.
Un jour le *malin*
A fait pénitence.
Le froc cache aux yeux
Sa face maudite...
Quand Satan fut vieux,
Il se fit ermite.

Lise, à cinquante ans,
Hante les églises,
Elle qui longtemps
A fait cent sottises.

Elle lève au cieux
Un œil hypocrite..,
Quand Satan fut vieux,
Il se fit ermite.

Damis, nuit et jour
Courant les ruelles,
Au flambeau d'amour
Se brûla les ailes.
Mais son doigt pieux
Trempe à l'eau bénite...
Quand Satan fut vieux,
Il se fit ermite.

En style gaulois
Le bon Lafontaine
De contes grivois
Fait une centaine ;
Il meurt vertueux
Et l'âme contrite...
Quand Satan fut vieux,
Il se fit ermite.

Un grand empereur
Dans un monastère
Expia l'erreur
Des biens de la terre.
Pour l'ambitieux
La terre est petite...

Quand Satan fut vieux,
Il se fit ermite.

LE BONNET DE COTON.

Mon vieux bonnet de coton,
        Mon bien suprême,
Nargue du qu'en dira-t-on,
        Je t'aime, je t'aime.
La tortue a sa maison,
    L'escargot, sa coquille,
    Le boiteux sa béquille,
    L'aveugle son bâton...
Moi, j'ai mon bonnet de coton :
Vive le bonnet de coton !

Avec une somme ronde
Des affaires retiré,
Dans ma retraite profonde
Mon bonheur est assuré.
Je ne me tourmente guère ;
Qu'un avide conquérant
Fasse la paix ou la guerre,
Cela m'est indifférent.

Mon vieux bonnet de coton,
Mon bien suprême,
Nargue du qu'en dira-t-on,
Je t'aime, je t'aime.
La tortue a sa maison,
L'escargot, sa coquille,
Le boiteux, sa béquille.
L'aveugle son bâton...
Moi, j'ai mon bonnet de coton :
Vive le bonnet de coton !

Mon bonnet fait des merveilles ;
Qu'il entende un malheureux,
Il me bouche les oreilles ,
Et me cache les deux yeux.
Si quelque pensée éclaire
Un recoin de mon cerveau,
En éteignoir, pour me plaire,
Il s'allonge *subito*.

Mon vieux bonnet de coton,
Mon bien suprême,
Nargue du qu'en dira-t-on,
Je t'aime, je t'aime.
La tortue a sa maison,
L'escargot, sa coquille,
Le boiteux, sa béquille.
L'aveugle. son bâton...

Moi, j'ai mon bonnet de coton :
Vive le bonnet de coton !

Compagnon inséparable,
Nuit et jour il me suivit
Du lit jusques à la table,
De la table jusqu'au lit.
Un vert ruban l'environne,
Une mèche est son plumet...
Rois, gardez votre couronne,
Moi, je garde mon bonnet.

Mon vieux bonnet de coton,
Mon bien suprême,
Nargue du qu'en dira-t-on,
Je t'aime, je t'aime.
La tortue a sa maison,
L'escargot, sa coquille,
Le boiteux, sa béquille,
L'aveugle, son bâton...
Moi, j'ai mon bonnet de coton :
Vive le bonnet de coton !

LA FRANCE AU LIBAN.

O France, ô protectrice
De tout peuple expirant,
Va rendre la justice
Aux martyrs du Liban.
Fais, dans ton héroïsme
Si grand, si glorieux,
Cesser du fanatisme
Le spectacle odieux.

Soulager la souffrance
De chaque nation,
Fut toujours de la France
L'auguste mission.
Sa parole est féconde,
Son bras est tout-puissant :
Régénérer le monde
Est son rêve incessant.

Entre ses mains divines
La foudre est un engrais
Qui fait sur les ruines
Éclore le progrès.

Ah ! disons à la guerre
Un éternel adieu,
Car tout homme est un frère,
Enfant du même Dieu.

LE FLAGEOLET.

Je m'en souviens encore,
A vingt ans, âge heureux,
J'étais un mirliflore,
Un fat, un merveilleux.
Je cultivais la danse,
Tous les arts d'agrément ;
On vantait ma science
Sur plus d'un instrument...

(*Parlé*) Il en est un sur lequel j'excellais particulièrement, c'est le flageolet. Je l'ai toujours conservé ; partout il m'a suivi, et toujours il a dissipé mes chagrins. On s'arrêtait sous mes fenêtres pour m'entendre joner cet air, mon air favori... (*Air.*)

Il faut dans la jeunesse,
Quand on est beau garçon,
Avoir une maîtresse ;
Aimer est de bon ton,

De la naïve Adèle
La beauté me frappa ;
J'étais heureux près d'elle...
Mais elle me trompa...

(*Parlé*) Othellos passés et présents, qu'auriez-vous fait à ma place ? Vous auriez plongé votre dague de Tolède dans le sein de la perfide ; vous vous seriez arraché les cheveux, ou vous auriez sauté du haut de la tour Malakoff la tête la première... Moi, plus philosophe, je pris mon flageolet et je jouai cet air mélodieux...(*Air.*)

De tes torts, femme ingrate,
Pourquoi me désoler ?
Un ami, je m'en flatte,
Saura me consoler.
Bientôt le sort m'envoie
Un trésor d'amitié ;
Dans ma peine ou ma joie
Il sera de moitié...

(*Parlé*) Il me faisait les serments les plus solennels de me consacrer son existence, en échange de mon amitié inaltérable. Une occasion de mettre son dévouement à l'épreuve s'offrit trop tôt. Au premier mot que je hasardai d'un service à me rendre, mon Pylade se sauva sur la pointe des pieds et disparut pour toujours. Et moi, au lieu de déclamer contre la méchanceté humaine, j'eus recours à mon flageolet, ce seul ami fidèle, et nous fîmes redire aux échos attendris... (*Air.*)

A la fin, du commerce
Je tente les hasards.

Et la fortune adverse
Me ruine aux trois quarts.
Plus d'ami, de maîtresse,
Hélas! et plus d'argent;
Eh bien! de ma détresse
Irai-je m'affligeant?

(Parlé) Non certes, puisqu'il me reste mon flageolet, ce compagnon de mes bons ou mauvais destins. Tant que j'aurai un souffle de vie, je répéterai.... *(Air.)*

MADAME PIERRE.

L'argent nous rend heureux,
C'est chose convenue;
Ou vieille ou biscornue,
On a des amoureux.
Je peux, si j'étais fière,
Faire mes embarras :
Je suis madame Pierre !
Ah! gros comme le bras.

A vingt ans, belle et sage,
Chacun m'envisageant,
Chuchotait : Quel dommage !
Elle n'a pas d'argent...

Mais Pierre, tout content,
Me disait : je m'en fiche ;
Moi, je vous aime autant
Que si vous étiez riche.

L'argent nous rend heureux,
C'est chose convenue ;
Ou vieille ou biscornue,
On a des amoureux.
Je peux, si j'étais fière,
Faire mes embarras :
Je suis madame Pierre !
Ah ! gros comme le bras.

Je fis un héritage
Quand mon oncle mourut ;
Des gens de haut parage
Une foule accourut.
Mais, je ne sais pourquoi,
Pleurant dans sa chaumière,
Seul s'éloigna de moi
Pierre, le pauvre Pierre.

L'argent nous rend heureux,
C'est chose convenue ;
Ou vieille ou biscornue,
On a des amoureux.
Je peux, si j'étais fière,
Faire mes embarras :

Je suis madame Pierre !
Ah ! gros comme le bras.

Moi, prudente et sensée,
Et trop riche pour deux,
Je bannis la pensée
D'un rêve ambitieux.
En dépit des jaloux
Qui firent la grimace,
Pierre fut mon époux,
Dont au ciel je rends grâce.

L'argent nous rend heureux,
C'est chose convenue ;
Ou vieille ou biscornue,
On a des amoureux.
Je peux, si j'étais fière
Faire mes embarras :
Je suis madame Pierre !
Ah ! gros comme le bras.

APRÈS VOUS, S'IL EN RESTE.

Air du Père Jérôme.

A la noce, on se réjouit,
    Et personne ne gronde ;
Là, chaque cœur s'épanouit,
    Le vin coule à la ronde.
Il paraît que ce jus vous plaît,
    Vous avez la main leste ;
Eh bien, videz le gobelet :
    Après vous, s'il en reste.

Vous qui courtisez, en sournois,
    Les femmes et les filles,
Quand vous avez croqué la noix,
    Vous jetez les coquilles.
Dites, me laissez-vous un peu
    De chair avec le zeste !...
Je suis las de compter le jeu :
    Après vous, s'il en reste.

Je voudrais de ce fricandeau
    Qui nage dans l'oseille :

Que fait là-bas ce gros barbeau ?
    Il dort? qu'on le réveille.
De main en main passez les plats :
    Dieux ! quel dégât funeste !..
Messieurs, ne vous privez donc pas :
    Après vous, s'il en reste.

Le jeu de mots, le calembour,
    La rengaine, la *scie*
Chez vous sont à l'ordre du jour ;
    Je vous en remercie,
Car si je dis... n'importe quoi,
    Crac ! j'emporte une *veste*...
Vous avez trop d'esprit pour moi :
    Après vous, s'il en reste.

Lamartine et Victor Hugo,
    Vous les rois du Parnasse,
Vous avez la verve à gogo,
    Et le génie en masse.
Vous trouverez de ma chanson
    La tournure indigeste.
Vous gardez tout, rime et raison :
    Après vous, s'il en reste.

O vous riches, qui moissonnez
    De magnifiques gerbes ;
Galants, qui sans cesse obtenez
    Des conquêtes superbes ;

Et vous qu'Apollon couronna
De son laurier céleste,
Dans vos champs heureux qui glana!
Après vous, s'il en reste.

LES DEUX CHERCHEURS D'OR.

Mon frère est en Australie,
Cherchant de l'or nuit et jour;
De ma ferme tant jolie
Je préfère le séjour.
Dans le sol le fer pénètre,
Je creuse, je creuse encor :
Ah! ma sueur fera naître
Des gerbes d'or !

Pendant qu'il contemple, avare,
Ce métal qui l'éblouit,
Sur les fleurs mon œil s'égare,
Leur beauté me réjouit.
Pour les cueillir je me penche,
Quand l'aube a pris son essor;
A moi narcisse, pervenche
Et bouton d'or.

Avoir de l'or, de mon frère
C'est l'unique passion ;
A ma belle je veux plaire :
O la douce ambition !
Une femme ! est-il au monde
Un plus précieux trésor?...
Sur mon cœur viens, ô ma blonde,
    Aux cheveux d'or !

Frère, au sein de la richesse,
Ton sommeil est plein d'horreur ;
Un écueil vers toi se dresse,
Ou le poignard d'un voleur.
Dans ma paisible demeure
Sans souci chacun s'endort :
De nous bercer voici l'heure.
    O rêves d'or !

LE ROUGE-GORGE.

Des aquilons la froide haleine
Souffle et mugit ; un blanc manteau
Couvre les sillons dans la plaine,
Et les arbres sur le coteau.
Oiseaux, vers des zones meilleures
Quand vous chasse le vent du nord,

De l'hiver pour charmer les heures,
Le rouge-gorge vient encor.

Les papillons, les demoiselles,
Dont nos yeux étaient éblouis.
Comme de vives étincelles.
Hélas ! se sont évanouis.
Elles sont mortes sur leur tige,
Les fleurs d'azur, de pourpre et d'or ;
Partout le deuil... mais, ô prodige !
Le rouge-gorge brille encor.

Vous qui naissez parmi les roses,
Chardonnerets, linots, pinsons,
On n'entend plus, gais virtuoses,
L'air retentir de vos chansons.
La nature, muette et sombre,
Verse des larmes et s'endort ;
Mais un éclair a percé l'ombre :
Le rouge-gorge chante encor.

Vers nous ce bel oiseau qui vole,
A l'approche des mauvais jours,
N'est-ce pas l'ange qui console,
L'espérance qui luit toujours ?
De mai quand fleurit la couronne,
Loin de nous il prend son essor ;
Mais, au déclin de chaque automne,
Il reviendra chanter encor.

CHŒURS.

LES ENFANTS DE VILLEMOMBLE.

Amis, point de paresse,
Soyons forts et puissants ;
Qus tous avec ivresse
Écoutent nos accents.

Que nos sœurs et nos mères,
Au cœur toujours français,
Soient jalouses et fières
De nos brillants succès.
Leur bonheur est au comble
De revoir triomphants
  Les enfants
 De Villemomble.

La musique chérie
Adoucit nos tourments,

Célèbre la patrie,
Et nous rend tous aimants.

Que nos sœurs et nos mères,
Au cœur toujours français,
Soient jalouses et fières
De nos brillants succès.
Leur bonheur est au comble
D'accueillir triomphants
    Les enfants
  De Villemomble.

Enfant de la nature,
Le chant, par ses accords,
De chaque créature
Excite les transports.

Que nos sœurs et nos mères,
Au cœur toujours français,
Soient jalouses et fières
De nos brillants succès.
Leur bonheur est au comble
D'embrasser triomphants
    Les enfants
  De Villemomble.

Par le chant, Dieu propice,
Le mal est endormi;

C'est du crime et du vice
Le plus sûr ennemi.

Que nos sœurs et nos mères,
Au cœur toujours français,
Soient jalouses et fières
De nos brillants succès.
Leur bonheur est au comble
D'admirer triomphants
　　Les enfants
　　De Villemomble.

Le Dieu qui nous rassemble
Sait nous donner des lois,
Et marier ensemble
Nos âmes et nos voix.

Que nos sœurs et nos mères,
Au cœur toujours français,
Soient jalouses et fières
De nos brillants succès.
Leur bonheur est au comble
D'adorer triomphants
　　Les enfants
　　De Villemomble.

Orphée avec sa lyre
Attendrit les enfers :

La foi qui nous inspire
Charmera l'univers.

Que nos sœurs et nos mères,
Au cœur toujours français,
Soient jalouses et fières
De nos brillants succès.
Leur bonheur est au comble
De fêter triomphants
    Les enfants
  De Villemomble.

Puisse la terre entière
Voir, heureux et bénis,
Sous la même bannière
Tous les hommes unis !

Que nos sœurs et nos mères,
Au cœur toujours français,
Soient jalouses et fières
De nos brillants succès.
Leur bonheur est au comble
De bénir triomphants
    Les enfants
  De Villemomble.

LES BATTEURS DE BLÉ.

Battons, battons fort, battons, battons fort,
Et que de nos fronts la sueur ruisselle ;
Pour avoir le grain que l'épi recelle,
Battons, battons fort, battons, battons fort :
Pour bien battre, amis, battons tous d'accord.

De la terre et du soleil
L'étreinte féconde,
Pour nourrir le monde,
Produit le raisin vermeil
Et la moissson blonde.
Qu'ils s'aiment toujours, et de leur hymen
Naîtra le bonheur pour le genre humain.

Battons, battons fort, battons, battons fort,
Et que de nos fronts la sueur ruisselle ;
Pour avoir le grain que l'épi recelle,
Battons, battons fort, battons, battons fort :
Pour bien battre, amis, battons tous d'accord.

Au Pérou cherche la mort,
Humaine folie

Jamais assouvie ;

Préférons les gerbes d'or

Qui donnent la vie.

Avares, creusez vos antres profonds,

C'est en plein soleil que nous travaillons.

Battons, battons fort, battons, battons fort,

Et que de nos fronts la sueur ruisselle ;

Pour avoir le grain que l'épi recelle,

Battons, battons fort, battons, battons fort :

Pour bien battre, amis, battons tous d'accord.

Le blé, sublime martyr,

Sous nos fléaux tombe ;

Mais, quoiqu'il succombe,

Nous le verrons ressortir

Vivant de sa tombe.

Plus nous le battrons, plus il souffrira,

Cet apôtre saint plus nous aimera.

Battons, battons fort, battons, battons fort,

Et que de nos fronts la sueur ruisselle ;

Pour avoir le grain que l'épi recelle,

Battons, battons fort, battons, battons fort :

Pour bien battre, amis, battons tous d'accord.

LES ÉCOLIERS TURBULENTS.

A **M.** Gustave Chardon, à Villemomble.

Pan, pan, pan, pan, pan, pan,
Notre argus est sorti ;
Que pendant son absence
Se taise la science :
C'est le meilleur parti ;
Rions, faisons tapage !
Pan, pan, c'est le parti,
Pan, pan, pan, le plus sage.
Pan, pan, pan, pan, pan, pan, etc.,
Ah ! ah ! ah ! ah ! ah ! ah ! etc.

Au diable la grammaire,
Au diable les leçons !
La science, chimère :
Il vaut mieux des chansons.
Tralala, tralala, ah ! ah ! etc...
Notre argus est sorti :
Rions, faisons tapage !
Pan, pan, c'est le parti,
Pan, pan, pan, le plus sage.

> Pan, pan, pan, pan, pan, pan, etc.,
>
> Ah! ah! ah! ah! ah! ah! etc.

Croyant que le maître revient, les ténors font un *shitt* prolongé qui arrête le bruit. Tous se remettent à leurs places ; ils bourdonnent leurs leçons… murmure… mais, ils se ravisent et reprennent.

> C'est une fausse alerte :
>
> Nous nous étions mépris.
>
> Tenons la porte ouverte,
>
> Pour n'être pas surpris.
>
> Au diable la grammaire,
>
> Au diable les leçons !
>
> La science, chimère :
>
> Allons, recommençons…
>
> Tralala, tralala, la, la, etc.
>
> Notre argus est sorti ;
>
> Rions, faisons tapage :
>
> Pan, pan, c'est le parti,
>
> Pan, pan, pan, le plus sage,
>
> Pan, pan, pan, pan, pan, pan, etc.,
>
> Ah! ah! ah! ah! ah! ah! etc.

Tout à coup, le maître survient, et le chœur se termine par un *shitt* vigoureux et sec.

LA CLOCHETTE.

Touchez les cordes de la lyre,
Amis des sons mélodieux;
Nous prenons un ton plus joyeux,
Car la clochette nous inspire.
Clairon, que tes rauques accents
Charment le guerrier qui t'implore...
Vive la clochette sonore;
Elle électrise tous nos sens.
Tinn, tinn, tinn, tinn, etc.

Voyez la bergère ingénue
Qui gaîment conduit son troupeau;
Au cou du bélier le plus beau
Une clochette est suspendue.
Ils fuiront les loups ravissants,
Il viendra, celui qu'elle adore.
Vive la clochette sonore;
Elle électrise tous nos sens.
Tinn, tinn, tinn, tinn, etc.

Tinn, tinn! La clochette argentine
A sonné l'heure du repas;

Accourons, frères, à grand pas,
Embrasés d'une ardeur divine.
Dans nos transports reconnaissants,
Nous chanterons plus fort encore :
Vive la clochette sonore;
Elle électrise tous nos sens.
Tinn, tinn, tinn, tinn, etc.

AQUILONS ET ZÉPHIRS.

Entendez-vous, du sommet des montagnes,
Les aquilons envahir les campagnes?
        Ils viennent, furieux,
        Du séjour des orages;
        Voyez d'affreux nuages
        Voiler l'azur des cieux.

Les timides brebis abandonnent la plaine;
        Rentre tes bœufs, ô laboureur!
Sur les flots, sur les monts l'ouragan se déchaîne;
        Des aquilons redoutons la fureur.

        On entend des mugissements,
                Des rugissements;

Partout sombre terreur,
Cris d'horreur,
Sombre terreur,
Cris d'horreur.

Ils s'éloignent enfin, ces autans formidables,
Ces terribles enfants du nord,
Qui sur leurs ailes redoutables
Portent le ravage et la mort.

Des zéphirs bienfaisants le souffle les remplace ;
Un air tiède et léger vient rafraîchir l'espace ;
On voit s'enfuir au loin l'aquilon détesté ;
Partout règnent le calme et la sérénité.

Respirons des zéphirs l'haleine bien aimée ;
Sur les mers se répand une brise embaumée ;
On n'entend plus des aquilons
Le sinistre cortége, effroi de nos vallons.

LES ÉMIGRANTS.

Apaisez vous, fureurs, ouragans redoutés ;
Au souffle caressant d'une brise légère,
Bercez-vous mollement, navires, qui portez
Les exilés de la misère.

Hélas! en vain de nos sueurs
Nous avons arrosé notre terre stérile;
Nous partons, et, sans doute, un sillon plus fertile
Favorisera nos labeurs.

Apaisez vos fureurs, ouragans redoutés;
Au souffle caressant d'une brise légère,
Bercez-vous mollement, navires, qui portez
Les exilés de la misère.

Unissons nos cœurs et nos bras;
D'un meilleur avenir saluons l'espérance;
Partout où le travail trouve sa récompense,
N'est-ce pas la patrie, hélas!..

Apaisez vos fureurs, ouragans redoutés;
Au souffle caressant d'une brise légère,
Bercez-vous mollement, navires, qui portez
Les exilés de la misère.

Pardonne à nos cris de douleur;
Ah! nous te reviendrons, sol qui nous a vus naître.
A nos accents plaintifs succéderont, peut-être,
Des cris de joie et de bonheur.

Apaisez vos fureurs, ouragans redoutés;
Au souffle caressant d'une brise légère,
Bercez-vous mollement, navires, qui portez
Les exilés de la misère.

LES MAÇONS.

Gais maçons,
Épuisons
Les carrières ;
Bâtissons
Les chaumières,
Les chalets,
Les palais :
Au lieu de détruire,
Nous voulons construire,
Et pour l'avenir
Nous saurons bâtir.

Bâtir, construire, édifier,
Mission sainte
Que Dieu voulut nous confier !
Frères, soyez sans crainte,
Pour vous nos mains élèveront
Les murs qui vous abriteront.

Gais maçons,
Épuisons
Les carrières :
Bâtissons

Les chaumières,

Les chalets,

Les palais :

Au lieu de détruire,

Nous voulons construire,

Et pour l'avenir

Nous saurons bâtir.

Amis, saisissons nos marteaux

Et nos truelles :

Que Dieu couronne nos travaux.

Au lieu des citadelles,

Le ciel vous verra resplendir,

Temples du travail, du plaisir.

Gais maçons,

Épuisons

Les carrières ;

Bâtissons

Les chaumières,

Les chalets,

Les palais.

Au lieu de détruire,

Nous voulons construire,

Et pour l'avenir

Nous saurons bâtir.

Frères, chaque maison sera

La ruche pleine

Où le bonheur pour tous naîtra.
   Chaque famille humaine
En liberté respirera :
L'humanité nous bénira.

      Gais maçons,
      Épuisons
      Les carrières ;
      Bâtissons
      Les chaumières,
      Les chalets,
      Les palais.
Au lieu de détruire,
Nous voulons construire,
Et pour l'avenir
Nous saurons bâtir.

LES ADORATEURS DU SOLEIL.

Dans toute sa splendeur l'astre du jour se lève ;
Il a chassé la nuit ainsi qu'un mauvais rêve.
   C'est notre père ; à genoux, à genoux !
   C'est notre Dieu ; prosternons-nous !

Le soleil, ô bonheur, ô sublime mystère!
D'un généreux amour brûle éternellement;
  Il va jusqu'aux flancs de la terre
  Faire briller le diamant.

Dans toute sa splendeur l'astre du jour se lève;
Il a chassé la nuit ainsi qu'un mauvais rêve.
  C'est notre père; à genoux, à genoux!
   C'est notre Dieu; prosternons-nous!

Si le soleil, lassé de nos crimes sans nombre,
Dès demain, pour toujours éteignait son flambeau,
  La terre, sous un voile sombre,
  Deviendrait un vaste tombeau.

Dans toute sa splendeur l'astre du jour se lève;
Il a chassé la nuit ainsi qu'un mauvais rêve.
  C'est notre père; à genoux, à genoux!
   C'est notre Dieu; prosternons-nous!

LES MEUNIERS.

  Tourne, tourne, tourne,
  Meule, nos amours,
  Afin qu'on enfourne
  Du pain tous les jours;

Tictac, tictac, tictac.
Tourne, tourne, tourne,
Tictac, tictac, tictac,
Meule, nos amours,
Tictac, tictac, tictac,
Afin qu'on enfourne,
Tictac, tictac, tictac,
Du pain tous les jours,
Tictac, tictac, tictac, tictac.

Que de la pratique
On verse le sac,
Et la mécanique
Fera son tictac,
Tictac, tictac, tictac,
Vogue la galère !
On sait qu'un meunier
Quelquefois préfère
La cave au grenier,
Tictac, tictac, tictac,
Si l'âne s'efflanque
A porter le grain,
Que jamais ne manque
Le grain au moulin,
Tictac, tictac, tictac.

Tourne, tourne, tourne,
Meule, nos amours,

Afin qu'on enfourne
Du pain tous les jours;
Tictac, tictac, tictac.
Tourne, tourne, tourne,
Tictac, tictac, tictac,
Meule nos amours,
Tictac, tictac, tictac,
Afin qu'on enfourne,
Tictac, tictac, tictac,
Du pain tous les jours,
Tictac, tictac, tictac, tictac.

LES SOLDATS DU TRAVAIL.

Navires, soyez prêts; pilote, au gouvernail!
A nous le ciel, la terre et l'onde!
Pour aller conquérir le monde,
Nous sommes les soldats, les soldats du travail.

En avant, en avant, pacifiques armées!
Flottez, étendards radieux!
Femmes, ne soyez plus tremblantes, alarmées;
Vos fils bénis et glorieux,
Reviendront embrasser leurs mères bien-aimées.

Navires, soyez prêts ; pilote, au gouvernail !
A nous le ciel, la terre et l'onde !
Pour aller conquérir le monde,
Nous sommes les soldats, les soldats du travail.

Au lieu de ravager les cités, les campagnes,
Musique en tête, on nous verra
Dessécher les marais, reboiser les montagnes.
Partout la terre fleurira ;
Nos fils avec orgueil rediront nos campagnes.

Navires, soyez prêts ; pilote au gouvernail :
A nous le ciel, la terre et l'onde ;
Pour aller conquérir le monde,
Nous sommes les soldats, les soldats du travail.

Que chacun ici-bas nous aime et nous respecte,
Car nous aurons pour général
Dieu, le grand Ouvrier, le sublime Architecte.
C'est lui qui donne le signal
A l'homme le plus fort, comme au plus faible insecte.

Navires, soyez prêts ; pilote, au gouvernail !
A nous le ciel, la terre et l'onde !
Pour aller conquérir le monde,
Nous sommes les soldats, les soldats du travail.

FABLES.

LA JEUNE FILLE ET LE VER A SOIE.

A Mademoiselle Fanny Desmarais.

Un bienfait n'est jamais perdu;
Tôt ou tard au centuple il nous sera rendu.
Eh! ne le fût-il pas, la douce récompense,
N'est-elle pas encor dans notre conscience?

Elle le savait bien,
La jeune fille de ma fable.
A conjurer le mal, à pratiquer le bien
Sa grande âme éprouvait une joie ineffable.
Elle entourait de sa bonté
L'être le plus chétif, le plus déshérité.
Voyant, un jour, sur une branche
De mûrier vert, une chenille blanche,

Et contre elle d'enfants
Espiègles et bruyants
Une troupe acharnée,
Elle prit aussitôt sous sa protection
La pauvre bête à périr condamnée.
Sa généreuse intention
Par le succès fut couronnée ;
Les pierres, à sa voix, s'échappèrent des mains
De nos gamins.

Un soir, à sa fenêtre
Elle vit apparaître
Un nuage de papillons,
Épais et blancs comme la neige
Que le vent chasse en tourbillons.
« Honneur, lui dirent-ils, à celle qui protége
Le faible contre l'oppresseur !
C'est toi qui de la mort as sauvé notre sœur. »
Le nuage, à ces mots, disparut, ô merveille !
Laissant de quoi remplir mainte et mainte corbeille
De cocons précieux, couleur d'or et d'argent,
Qui, sous d'habiles mains, allèrent se changeant
En écharpes, rubans, robes de fiancée,
Richesse comparable au plus riche trésor.

Ainsi, je vous l'ai dit, je vous le dis encor.
Toute bonne action sera récompensée.

LE MICROSCOPE ET LA GOUTTE D'EAU.

Du microscope à travers la lentille,
Je vois, un jour, dans une goutte d'eau
Un peuple entier qui s'agite et fourmille.
Émerveillé d'un spectacle si beau,
Par la pensée aussitôt je pénètre
Dans les secrets de ce monde nouveau.
Facilement je parviens à connaître
Ses lois, ses mœurs : il a des passions,
Et même, hélas! des superstitions.
Les insensés ne pensent-ils pas être
De l'univers le centre glorieux!
A leur image ils ont créé des Dieux.
Quand finira le globe qu'ils habitent,
Autour de lui les sphères qui gravitent
Dans le néant soudain disparaîtront :
Tout sera dit, les astres s'éteindront.

Vous riez?.... Je crois voir la terre dont nous sommes
        Les éphémères habitants,
Et j'entends des cirons, aussi vains que les hommes,
Partager nos erreurs sur l'espace et le temps.

L'OISELEUR ET L'ALOUETTE.

Un oiseleur tenait en cage une alouette,
Et, de l'aube à la nuit, on voyait la pauvrette
    S'agitant, voletant,
    Et sans cesse heurtant
    De la tête et de l'aile
A la voûte de fer de sa prison cruelle.
Le maître, un jour, lui dit : « Pourquoi tous ces transports?
Tu t'épuises, ma chère, en stériles efforts.
    Prisonnière docile et sage,
    Subis ton sort avec courage. »
    Mais elle : « J'aspire à monter
    Vers le ciel; là, je veux chanter,
Et la foi qui m'exalte et l'amour qui m'enflamme.
    On me verra, je vous le dis,
Briser plutôt ma tête à ces barreaux maudits...
Si vous avez mon corps, vous n'aurez pas mon âme! »

LE LINGOT.

A Henry Desmarais.

Un lingot d'or
Se vantait d'être
Sans mélange ; l'or pur est un rare trésor.
Je le crus sur parole, et bien d'autres encor
Le croyaient... un chimiste, en son art passé maître,
De son laboratoire alluma les fourneaux,
Et par des procédés qui passent ma science,
Il distingua le vrai du faux,
Et sut de l'imposteur rabaisser l'arrogance.

O toi qui si souvent *essayas* les métaux,
Ne peux-tu sur nos cœurs tenter l'expérience ?...

LE FILTRE.

Qu'on lui verse avec mépris
Une fange délétère,
Le filtre rend de l'eau limpide et salutaire...

Image des grands cœurs et des nobles esprits.

LES DEUX COLOMBES.

D'une ardeur mutuelle, un jour, furent épris
La colombe céleste et l'oiseau de Cypris.
Fruit de l'amour terrestre et de l'amour mystique,
Dans une île enchantée un œuf a vu le jour.
Là, le couple divin le couve tour à tour.
Il naîtra de cet œuf un oiseau symbolique,
Brûlant tout à la fois de l'un et l'autre amour.

GATEAU POUR LES ROSSIGNOLS.

En Flandre, un jour, je vis un écriteau
        Portant pour enseigne : *Gâteau*
Bon pour les rossignols ! Quelle adorable chose !
Vers son palais d'azur ma muse prend son vol,
        Et sur-le-champ elle compose
De rosée et de miel, et d'encens et de rose,
Un met délicieux, digne d'un rossignol,
        Ou d'une femme, ou d'un poëte.

Qu'allez-vous devenir, ô mes illusions !
Je mâche une moitié, qu'aussitôt je rejette,
En faisant, de dégoût, mille contorsions.
          Quel était donc ce mets étrange ?
De vers, d'œufs de fourmis un horrible mélange.
Alors, donnant carrière à mes réflexions :
La femme la plus pure et la plus idéale,
Pensai-je, le poëte aux suaves accents,
Pas plus qu'un rossignol, c'est une loi fatale,
Ne peuvent vivre, hélas! de rosée et d'encens.

L'ÉCHAFAUDAGE.

J'entendis, pour un édifice
Un échafaudage dressé,
     Crier à l'injustice
De se voir renversé.

     Parfois tel personnage
Ou tel gouvernement
Qui se croit monument,
     N'est qu'un échafaudage.

LE CANARD ET LES BOYAUX.

Un canard, engeance goulue,
En barbotant
Sur un étang,
S'était ingurgité des boyaux tant et tant.
Qu'il dut les revomir. La bête dissolue,
Les rendant, ô douleur! croyait rendre les siens.

Tel, le voleur, d'autrui restituant les biens.

LE PRÉCEPTEUR ET LES ENFANTS.

Chez un riche bourgeois était un précepteur.
Or, vous saurez comment il gagnait son salaire :
Des élèves au lieu d'être le directeur,
Il calquait leurs défauts, ne cherchant qu'à leur plaire.
A leurs moindres désirs notre homme se pliait.
Comme eux balbutiait, bégayait, zézayait.

Aussi, pas un devoir, pas un mot de grammaire.
« Aujourd'hui, disait-il, messieurs, que ferons-nous ?
— Il faut nous amuser répondait la marmaille ;
            Le bonnet d'âne à qui travaille ! »
Et les jours se passaient et se ressemblaient tous.

Ce précepteur, c'est vous, romanciers, journalistes,
            Dramaturges, vaudevillistes ;
            Les enfants, c'est le peuple.... vous,
Vous devriez l'instruire, et vous flattez ses goûts.

LE MARCHAND DE MIEL.

Tout plaisir obligé cesse d'être un plaisir,
            Et le mets le plus délectable,
Trop souvent imposé, devient insupportable.

Le miel est chose exquise, il en faut convenir :
            J'en ai fait souvent mes délices.
Eh bien ! pour un ami que j'ai vu récemment,
D'en approcher le bout des lèvres seulement,
            C'est le plus cruel des supplices.
De ce manger divin pour avoir abusé,
Il a le cœur malade et l'estomac blasé.

Comme j'avais peine à comprendre
Que le miel eût produit ce fâcheux résultat,
« Apprenez, me dit-il, que je fais mon état
D'en manger et d'en vendre. »

L'ACTEUR VIEILLI.

Un Comédien, tout fier de succès mérités,
Mais accablé par l'âge et les infirmités,
Ne sut assez à temps renoncer au théâtre.
Comptant sur les bravos d'un public idolâtre,
Dans un rôle brillant il reparaît un soir.
C'est pitié de l'entendre et pitié de le voir ;
On n'osa le siffler; mais par un froid silence
Le parterre lui fit sentir son imprudence.
Or, croyez-vous que notre acteur
Sut, en homme de sens acceptant sa défaite,
Se résigner à la retraite?
Vous vous tromperiez fort, estimable lecteur.
Notre homme de sa chute accusa la cabale
Et les complots jaloux d'une gloire rivale.

Plus d'un vieux Céladon ose encor soupirer,
Maint poëte caduc rime malgré Minerve...
Chaque acteur, lorsqu'il sent se refroidir sa verve,
De la scène au plus tôt devrait se retirer.

LE LABOUREUR ET LA RONCE.

« Tu sèmes en automne un froment hasardeux,
Disait au laboureur une ronce rétive.
Tu perdras par le froid ta semence hâtive ;
Attends six mois encore, attends-en au moins deux :
Tu viens trop tôt, vraiment...» Que dit l'homme à la ronce?
Un travail plus ardent fut toute sa réponse,
Et mille gerbes d'or couronnèrent ses vœux.

L'idée est le froment qui doit nourrir le monde ;
Semons pour l'avenir cette graine féconde.
Ah ! si vous en croyez le méchant et le sot,
Les plus grands novateurs viennent toujours trop tôt.

LE CHARBON.

S'il ne peut vous brûler, le charbon vous noircit :
Dans sa haine toujours le méchant réussit.

Le charbon, c'est le fat dont l'âme indélicate
Dénigre la beauté qu'il ne sut enflammer,

Ou bien le faux dévot dont la plume béate,
Pleurant les bûchers morts qu'il ne peut rallumer,
Dans sa rage infinie,
Sur les cœurs généreux verse la calomnie.

L'HABIT ET LA VESTE.

Des grands airs de l'habit justement offensée,
Ainsi parlait la veste courroucée :
« Ah ! que je voudrais voir raccourcir, un beau jour,
Cet insolent que je déteste ! »

Contre ce vœu méchant, quant à moi, je proteste,
Car j'aimerais bien mieux, je le dis sans détour,
Sans raccourcir l'habit, faire allonger la veste.

POÉSIES DIVERSES.

INFLUENCE DE L'INSTRUCTION MUSICALE SUR LES MŒURS.

O divine mélodie ,
Que tes accords sont puissants !
(*Romance.*)

Afin que la musique électrise nos âmes,
Autant que l'alphabet étudions les gammes ;
Ce n'est pas seulement pour charmer nos loisirs,
Mais la moralité naîtra de nos plaisirs.

Des siècles écoulés évoquant la mémoire,
De cet art enchanteur écrirai-je l'histoire ?
Ce serait pour ma muse un effort insensé :
Je chante l'avenir et non pas le passé.

D'une éducation mélodieuse et sainte
Toujours dans les esprits se conserve l'empreinte :
Comme un vase imbibé d'une exquise liqueur.
Des riants souvenirs se parfume le cœur.

Par un rhythme infini notre âme étant bercée,
Sent des mauvais instincts se fondre la pensée ;
Dans nos relations règnent l'aménité,
L'élégance, la grâce et la sérénité.

Montaigne tout enfant, entr'ouvrant la paupière,
Se réveillait au son des instruments ; son père
Voulait lui ménager, avec suavité,
Le passage du rêve à la réalité.

Ah ! que dorénavent vibrent à nos oreilles
Les nobles sentiments, les sublimes merveilles !
Pour ce but glorieux et régénérateur
S'uniront le poëte et le compositeur.

Combien de fois, autour de la nappe rougie,
On entendit hurler les refrains de l'orgie !
L'ouvrier, détonnant à ce diapazon,
Perdait tout à la fois son cœur et sa raison.

Que fait-il aujourd'hui ? Sa tâche terminée,
Va-t-il au cabaret dépenser sa journée ?
Vers la leçon chorale, en quittant l'atelier,
Il marche, fredonnant un motif familier.

Hors des villes, voyez, cette ardeur se propage ;
Il ne sera bientôt bourgade ni village,
Ouvriers et bourgeois répondant à l'appel,
Qui ne mêlent leur voix au chœur universel.

Désormais, plus instruits, devenus interprètes
Des grands musiciens et des meilleurs poëtes,
Nous verrons s'envoler la haine, le discord :
Nos âmes et nos voix seront toujours d'accord.

Des tournois éclatants où brillent les bannières,
Plusieurs retourneront triomphantes et fières ;
Mais, vainqueurs et vaincus, tous fraternellement,
Pacifiques rivaux, s'embrassent tendrement.

Vous les verrez, après ces passe-temps utiles,
Alertes, chaque jour rendre leurs champs fertiles,
Et, plus joyeux, penchés sur leurs rudes travaux,
Exercer leur mémoire à des concerts nouveaux.

La musique attendrit le cœur le plus barbare :
Même elle fait ouvrir la bourse de l'avare !
Les chanteurs savent-ils des maux à secourir,
Aussi prompts que l'éclair, on les voit accourir.

Au lieu des vieux drapeaux criblés dans les batailles,
Flottent des étendards couronnés de médailles :
Oubliant les partis et les dissensions,
Ils brûlent d'envahir toutes les nations.

A qui chante l'amour qu'importe une frontière ?
A lui l'air, et l'espace, et la nature entière !
A d'autres les détours et les raisons d'État :
Pour lui tout homme est frère, au lieu d'être soldat.

Dans un chœur incessant chaque voix est unie ;
Partout se fait entendre une sainte harmonie,
Et les hommes, goûtant les doux fruits de la paix,
O Musique, art divin, te doivent ces bienfaits.

ANGE ET DÉMON,

ou

GEORGES SAND AU CHATEAU DE NOHANT.

—

UN VOYAGEUR.

Vénérable hôtesse,
Quel est le château
Qui, de ce coteau,
Vers le ciel se dresse ?

L'HÔTESSE.

De notre comtesse
C'est le vieux manoir ;
Autant qu'une reine
Elle est belle à voir,
Notre châtelaine.
Voulez-vous savoir

Un mystère étrange ?
Le jour, c'est un ange
Radieux et bon ;
La nuit, un démon
Évoquant, dans l'ombre,
Le cortége sombre
D'esprits infernaux
Qui, dans les ténèbres,
De leurs cris funèbres
Frappent les échos.
Là, noirs maléfices,
Impurs sacrifices,
Sacriléges vœux ;
Leur voix de harpie
D'une lutte impie
Menace les cieux.
Mais lorsque l'aurore
Se réveille et dore
Les monts d'alentour,
Le démon s'envole,
L'ange qui console
Apparaît au jour.

Ensuite, l'hôtesse,
Ayant fait vingt fois
Des signes de croix
De notre comtesse
Vante la douceur.

Quand la digne femme

S'exalte, s'enflamme

D'une sainte ardeur,

De l'ange adorée

Contant les vertus,

Sa langue dorée

Ne s'arrête plus.

LE MAGICIEN.

A ALEXANDRE DUMAS.

Il était une fois un grand magicien.

Par le corps, par l'esprit, par le cœur et par l'âme,

Nul type fabuleux ne fut égal au sien.

Un génie inspirait sa parole de flamme ;

Sa plume était un sylphe écrivant, écrivant,

Son existence entière, un poëme vivant,

Et, du nord jusqu'au sud, du couchant à l'aurore,

Son œuvre répandue et son nom exalté.

Il était une fois !... Non, Dumas vit encore,

Et voilà son profil que je n'ai point flatté.

TON CŒUR.

Le cœur que, l'autre jour, tu me donnas en gage,
Je ne l'ai pas perdu,
Ni prêté, ni vendu ;
J'en ai fait un meilleur usage.
Ami, j'ai pris ton cœur et l'ai mêlé si bien
Avec le mien,
Que je ne saurais plus dire quel est le tien.

LA SOURCE

A LOUIS VINÇARD.

Quand l'hiver glace le ruisseau,
Si vous allez puiser de l'eau
A la source limpide et pure,
Elle est tiède, elle est chaude ; et si, du firmament,
L'été darde ses feux qui brûlent la verdure,
Elle vous rafraîchit... D'un degré seulement
A-t-elle varié ? Sa chaleur est la même.

La source nous offre l'emblême
Du Sage dont le nom parmi nous resplendit.
Si le progrès s'endort, si la foi s'engourdit,
Ardent, il lance au monde un appel formidable.
    Que le volcan des révolutions
Gronde, sa douce voix calme les passions.
A-t-il changé? Non pas; il est inébranlable.

BÉNÉDICTION.

Parmi les souvenirs de mon adolescence,
Se dresse un bon curé, plus gourmand que savant.
De mon père il était oncle par alliance ;
Le dimanche à sa table on me voyait souvent.
Il buvait dans un verre, à la surface peinte,
Qui, rempli jusqu'au bord, contenait une pinte.
Il le vidait d'un trait. A partir du menton,
Après chaque rasade, il lâchait un bouton
De sa longue soutane, et, la chose est certaine,
        Le repas terminé,
        Il en avait déboutonné
            Une dizaine.
Dix fois, en savourant les vins délicieux
        Dont sa cave était toujours pleine,

Vers le ciel il levait les yeux,
De ses deux mains tenait bien haut son verre ,
Et, plongé dans l'extase et la félicité ,
Il bénissait de Dieu l'ineffable bonté.
Moi, jeune néophyte et précoce trouvère,
Bien repu, j'approchais gaîment
D'un orgue sans clavier, monotone instrument.
A grand renfort de manivelle,
Je répétais la kirielle
De sept ou huit vieux airs qui ne changeaient jamais.
S'étant fait de ces sons une douce habitude,
Le saint homme écoutait avec béatitude ,
Et lorsque je me retournais
Pour contempler sa face auguste,
Il dormait du sommeil du juste.

Peut-être ce parent m'a-t-il légué sa foi.
Mais (oh! combien je le préfère !)
Mon esprit et mon cœur — du progrès c'est la loi —
De ma reconnaissance ont élargi la sphère.
A tout ce qui fut bon, à tout ce qui fut grand,
Certe, on ne me trouva jamais indifférent.
Tout élan généreux, tout ce qui brille ou chante
Électrise mes sens, m'éblouit et m'enchante ;
Et lorsque la nature, aux tableaux infinis,
De ses riches couleurs m'accorde une parcelle ,
Lorsque de mon cerveau jaillit une étincelle,
Je dis avec transport : mon Dieu, je vous bénis !

VAN DYCK A SAVENTHEM,

CANTATE.

Personnages : MARIE.

VAN DYCK.

RUBENS.

La scène se passe à Saventhem, village à deux lieues de Bruxelles, sur la route de Louvain.

> Aucun chemin de fleurs ne conduit à la gloire.
> LAFONTAINE.

MARIE.

Dans ce bocage parfumé

J'attends mon bien-aimé.

Que béni soit le jour où dans notre village

Brilla son céleste visage !

Lançant à nos deux cœurs deux flèches à la fois,

L'amour tout aussitôt nous soumit à ses lois,

Et Van Dyck, préférant le bonheur sous le chaume,

Oublia le chemin de Florence et de Rome.

Aussi, depuis ce jour,

De son âme s'exhale un cantique d'amour...

(*Air.*)

Il dit : O ma charmante,

Ton image riante

Anime mes pinceaux ;

C'est toi seule, ô Marie,

Que la foule attendrie
Admire en mes tableaux.

La fortune et la gloire
Seront, tu peux m'en croire,
Le prix de ta beauté,
Et ton front qui rayonne
Portera la couronne
De l'immortalité.

Il dit : O ma charmante,
Ton image riante
Anime mes pinceaux ;
C'est toi seule, ô Marie,
Que la foule attendrie
Admire en mes tableaux.

(Récitatif.)

Mais s'il allait partir ! ô mortelle souffrance !
Non ; mon fidèle amour saura le retenir.
Sa voix, sa douce voix qui chante l'espérance,
Va me promettre encore un riant avenir...
Ah ! le voici...

MARIE, VAN DYCK.

VAN DYCK.

Marie , ô ma sœur, ô mon ange,
Près de toi je savoure un bonheur sans mélange...
Chantons, ô bien-aimée, en ce jour calme et pur,
Et livrons-nous ensemble à nos rêves d'azur...

5*

(*Duo.*)

Frais ombrage,
Gai ramage
Des oiseaux,
Clairs ruisseaux :
Brise aimée,
Embaumée,
Et soupirs
Des zéphirs ;
Voix, haleines,
Toutes pleines
De douceur ;
C'est le gage,
Le présage
Du bonheur.

Et toi voûte azurée
O céleste empyrée,
Témoin de mes serments,
Rends le Seigneur propice ;
Qu'il protége et bénisse
Deux fidèles amants.

Frais ombrage,
Gai ramage
Des oiseaux,
Clairs ruisseaux ;
Brise aimée,
Embaumée,

Et soupirs

Des zéphirs ;

Voix, haleines

Toutes pleines

De douceur ;

C'est le gage,

Le présage

Du bonheur.

(*Les mêmes*) RUBENS.

RUBENS.

Van Dyck !

VAN DYCK.

Eh quoi! c'est vous, ô Rubens, ô mon maître !

RUBENS.

Tu ne t'attendais pas à me voir apparaître,

Mon beau mystérieux !... Tu me diras, peut-être,

Quel attrait si puissant t'arrête en ce séjour?

As-tu pour ce village oublié l'Italie,

Et vas-tu renier, dans ta jeune folie,

Le culte des beaux-arts sur l'autel de l'amour ?...

Quelle est cette beauté ? Réponds-moi sans détour....

VAN DYCK.

C'est ma bonne Marie, un trésor de tendresse,

Un ange de douceur ;

Je l'adore, elle est ma maîtresse,
Je la respecte, elle est ma sœur.

(*Air.*)

Oui, je l'aime
D'amour extrême,
Et toujours je l'aimerai,
Car cent fois je l'ai juré.
Ma parole n'est pas une promesse vaine,
Et le serment qui nous enchaîne.
Je le tiendrai.

ENSEMBLE.

VAN DYCK, MARIE, RUBENS.

(*Trio.*)

VAN DYCK.

Je l'aime
D'amour extrême.
Et toujours je l'aimerai,
Car cent fois je l'ai juré.
Ma parole n'est pas une promesse vaine,
Et le serment qui nous enchaîne,
Je le tiendrai.

MARIE.

Il m'aime
D'amour extrême,

Et toujours il m'aimera,
Car cent fois il le jura.
Sa parole n'est pas une promesse vaine,
Et le serment qui nous enchaîne,
Il le tiendra.

RUBENS.

Il l'aime
Folie extrême,
Et toujours il l'aimera,
Car cent fois il le jura.
Ils se flattent tous deux d'une espérance vaine,
Et le serment qui les enchaîne
Se brisera.

(*Air.*)

RUBENS.

Veux-tu dissiper ta jeunesse
Dans la mollesse
Et le repos?
Abandonne au plus tôt une folle maîtresse,
Et cours à de nobles travaux.

Va saisir la pensée empreinte sur la toile
Des maîtres glorieux,
Afin que le génie allume son étoile
Sur ton front radieux.

De nos jeunes beautés la foule t'environne
Pour fêter ton retour;

Lorsque un jour, ô mon fils, la gloire le couronne,
Bien heureux est l'amour.

Veux-tu dissiper ta jeunesse
Dans la mollesse
Et le repos ?
Abandonne au plus tôt une folle maîtresse,
Et cours à de nobles travaux.

VAN DYCK.

O mon père, ô mon maître,
Je ne veux pas quitter cet asile champêtre,
Et mon faible talent que vous avez vu naître,
Par le travail s'agrandira,
Et puis l'amour m'inspirera.

ENSEMBLE.

VAN DYCK.

Oui, mon talent s'agrandira,
Car son amour m'inspirera.

MARIE.

Oui, son talent s'agrandira,
Car mon amour l'inspirera.

RUBENS.

L'amour est éphémère ;
C'est un flot passager,

Un feu follet léger,
Une vaine chimère.

VAN DYCK, MARIE.

Que vous êtes cruel!

RUBENS.

Écoute le devoir.

ENSEMBLE.

VAN DYCK.

Quoi! ne plus la revoir!
Voyez son désespoir!

MARIE.

Quoi! ne plus le revoir!
Voyez mon désespoir!

RUBENS.

Tu ne dois plus la voir;
Obéis au devoir.

RUBENS.

Partons!

VAN DYCK, MARIE.

Par pitié, grâce, grâce!
Hélas! que le devoir a de terribles lois!

VAN DYCK.

Une dernière fois,
Du moins, que je l'embrasse.

RUBENS,

Partons!

VAN DYCK , MARIE.

Par pitié grâce, grâce !
Hélas ! que le devoir a de terribles lois !

RUBENS.

Enfants, oui le devoir a de terribles lois.
Une dernière fois
Je permets qu'on s'embrasse.

VAN DYCK, MARIE.

Par pitié, grâce ! grâce !
Hélas ! que le devoir a de terribles lois !

RUBENS.

Partons!

VAN DOCK ET MARIE.

Par pitié, grâce, grâce !

(*Final.*)

ENSEMBLE.

VAN DYCK.

Jour affreux ! ô douleur !
Pour moi plus de bonheur !

Ton image chérie,
O ma tendre Marie,
Vivra dans mon cœur,
Oui, toujours vivra dans mon cœur.

MARIE.

Jour affreux! ô douleur!
Pour moi plus de bonheur!
Ton image chérie,
C'est le vœu de Marie,
Vivra dans mon cœur,
Oui, toujours vivra dans mon cœur.

RUBENS.

Pour eux quelle douleur!
Je l'entraîne, ô bonheur!
Votre image chérie,
O charmante Marie,
Vivra dans son cœur,
Oui, toujours vivra dans son cœur.

UNE CONSULTATION,

FANTAISIE EN UN ACTE ET EN VERS.

PERSONNAGES :

LE MÉDECIN, cinquante ans ;
CAMILLE, sa fille, quinze ans ;
PAUL, dix-huit ans.

(La scène se passe dans une petite ville de province.)

SCÈNE PREMIÈRE.

(Le théâtre représente le cabinet du médecin : porte d'entrée
au milieu, porte latérale à gauche.)

PAUL, ensuite CAMILLE.

(*Paul entr'ouvre la porte et regarde de tous côtés.*)

Oserai-je franchir ce seuil !

CAMILLE, *arrivant par la porte latérale.*

Qui vient?

PAUL.

C'est elle.

CAMILLE.

Que désire monsieur ?

PAUL.

Je viens, mademoiselle,
De monsieur le docteur réclamer des avis
Sévères; ils seront fidèlement suivis.

CAMILLE.

Monsieur, quelques instans asseyez-vous; mon père
De ses courses bientôt va rentrer, je l'espère.

PAUL.

Certes, je puis attendre ici patiemment....
(*Camille veut sortir.*)
Ah! de grâce, veuillez m'écouter un moment.
Par le charme des vers obsédé sans relâche,
C'est un vaste idéal où mon esprit s'attache.
Rebelle à tout devoir, sourd à mes intérêts,
Les vers, les vers surtout, ont pour moi des attraits,
Et, bravant à la fois les conseils et le blâme,
Je me livre sans crainte à l'ardeur qui m'enflamme.

CAMILLE.

Qui donc vous a donné de précoces leçons?

PAUL.

Mon Dieu, tout : des oiseaux les suaves chansons,
Les bois, l'azur des cieux, les voix de la nature...
Des mots, de leur cadence, à la simple lecture,
Ma mémoire s'empare et peut les retenir :

Chaque étude récente est comme un souvenir.
La mort revêt, sans doute, une forme nouvelle ;
L'esprit qui tout à coup à l'enfant se révèle,
C'est l'écho du passé qui vibre jusqu'à nous.
De ma mère on m'a dit qu'une flamme secrète,
A moi s'était transmise et m'avait fait poëte ;
Aussi, j'en suis tout fier, et je veux, voyez-vous,
Puisqu'elle m'a légué sa pensée en partage,
De ma mère toujours honorer l'héritage.

CAMILLE.

N'avez-vous pas déjà fait imprimer vos vers ?

PAUL.

Je fis mettre sous presse une chanson, naguère,
Et je fus, pour cela, chassé du séminaire.
Ah ! je m'attends encore à bien d'autres revers !
Mais, quel que soit le sort où la verve m'entraîne,
Il trouvera mon âme impassible et sereine.
J'avais, dernièrement, réuni sur vélin
L'ensemble précieux *de mes œuvres complètes,*
Quand mon père, effrayé du destin des poëtes,
A mes inventions a voulu mettre fin,
En brûlant de mes vers une moisson si belle.

CAMILLE.

Pour la postérité quelle perte cruelle !

PAUL.

Quoi ! vous riez ! Eh bien, croyez-moi, chaque jour,
De ma mère en secret le luth se fait entendre ;
C'est un oiseau divin qui renaît de sa cendre,
Et dont la voix s'anime au souffle de l'amour.
Pour rendre de mes vers la source intarissable,
Le ciel offre à mes vœux un objet adorable,
Où puisera toujours mon inspiration.

CAMILLE.

Pouvez-vous me nommer, sans indiscrétion,
La beauté que vos chants doivent rendre immortelle ?

PAUL.

Oui, je la nommerai.... c'est vous, mademoiselle...

CAMILLE.

Comment aimer quelqu'un que l'on ne connaît pas ?

PAUL.

Comment ! Toute la ville admire vos appas,
Et je...

CAMILLE.

    Mon père et moi, pour la terre natale,
Nous avons depuis peu quitté la capitale...

PAUL.

Pour agiter le cœur d'un doux frémissement,
Il ne faut, croyez-moi, qu'un regard, un moment...
(*Lui offrant un billet.*)
Recevez dans ce pli (daignerez-vous le lire ?)
Le poétique aveu de l'amour qui m'inspire...
De n'avoir pas déplu dois-je garder l'espoir ?

CAMILLE.

Monsieur, voici mon père ; au revoir !

PAUL.

Au revoir !

SCÈNE II.

PAUL, LE MÉDECIN.

(*Le médecin va s'asseoir dans son fauteuil, fait signe
à Paul d'avancer, lui tâte le pouls.*)

LE MÉDECIN.

Qu'avez-vous ?

PAUL, *embarrassé, baissant la tête.*

J'ai des vers...

LE MÉDECIN.

Quoi ! des vers à votre âge !

PAUL.

Les premiers que je fis, je n'avais que dix ans.

LE MÉDECIN.

Que dix ans !

PAUL.

Oui, monsieur, dix ans, pas davantage.

LE MÉDECIN (*à part, surpris.*)

D'ordinaire, on les a plus tôt et moins longtemps.

PAUL.

J'en ai fait ce matin...

LE MÉDECIN.

Combien ?

PAUL.

Une vingtaine.

LE MÉDECIN.

C'est beaucoup ! Dites-moi, vous viennent-ils sans peine ?

PAUL.

Non pas : Pendant la nuit, je veille haletant ;
J'ai la tête embrasée et le cœur palpitant.

LE MÉDECIN.

(*A part, lui tenant toujours la main.*)

C'est bien vrai, car son pouls bat deux fois par seconde.

(*Haut.*)

Et sont-ils longs vos vers? Il faut que l'on réponde.
A tout...

PAUL.

J'en ai de huit, de dix, de douze pieds.

LE MÉDECIN.

Douze pieds ! (*à part*) leur longueur est extraordinaire.

PAUL.

Pour vous les faire voir, si cela peut vous plaire,
J'en ai sur moi deux cents...

(*Il tire un cahier de sa poche.*)

LE MÉDECIN.

Ils sont dans ces papiers ?

PAUL.

Oui, monsieur...

(*Il présente le cahier au médecin.*)

LE MÉDECIN.

Quel sujet d'étude remarquable !

(*Feuilletant le cahier.*)

Qu'est-ce que c'est ! Comment ! une chanson de table !

   (*Prenant un ton emphatique et moqueur.*)

  « Si vous buvez, la sombre maladie

  » Va pour jamais abandonner vos toits.

  » Sur votre front une couleur fleurie,

  » Brillera plus que la pourpre des rois... »

Une traduction de l'ode à Sextius !...

« Déja les noirs frimas et les tristes hivers,

» Chassés par le printemps, abandonnent nos plaines ;

» Déjà les doux zéphirs, de leurs tièdes haleines,

» Ouvrent à nos vaisseaux le passage des mers...

» Les troupeaux bondissants... » Une ode, une charade,

Des fables, des sonnets !... Quel est donc ce rébus ?

   (*Il jette au loin le cahier.*)

PAUL.

Monsieur, ce sont mes vers...

  (*Il va ramasser le cahier et le met dans sa poche*)

LE MÉDECIN

     Voyez le beau malade !

Il vient d'un air piteux me confier sa main ;

Sur-le-champ je me livre au plus grave examen :

Je lui prête l'oreille en toute conscience...

Lui, sans égard pour l'âge et pour la Faculté,

D'un air de bonhomie et de simplicité,

Par un long quiproquo déroute ma science !...

PAUL.

Il en faut accuser mon inexpérience,
Et d'une double erreur le risible accident.
Voyant, tout récemment, venir dans notre ville
Un docteur que l'on vante, un médecin habile,
J'espérais pour ma muse un nouveau confident.

LE MÉDECIN.

Je ne puis écouter vos sottes rapsodies,
Et je dois tout mon temps à d'autres maladies.
Laissez-moi ! laissez-moi, monsieur ; ne pouvez-vous
Sur vos rimes aller consulter quelques fous ?
(*Paul s'éloigne tout déconcerté, en faisant de profonds
saluts. Le médecin est furieux.*)

SCÈNE III.

LE MÉDECIN, CAMILLE.

CAMILLE.

Mon père, pour un mal horrible qui l'oppresse,
D'une dame, tantôt, on m'a laissé l'adresse.

LE MÉDECIN (*lisant.*)

« Madame la comtesse... » Ah ! oui, je la connais.

CAMILLE.

Qu'a-t-elle ?

LE MÉDECIN.

Ses vapeurs ne la quittent jamais.
Que j'ai donc un état ennuyeux, ridicule !
Tout à l'heure, un gaillard s'en vint me consulter
Sur des vers... de chansons, pour me faire pester.
Avant. c'est un rentier, taillé comme un hercule,
Qui me fait près de lui chaque jour accourir,
Parce qu'à tout moment il croit se voir mourir.

CAMILLE.

Tiens !

LE MÉDECIN.

Je fis avaler à l'hypochondriaque
Un remède innocent, orné de mots latins,
Qu'il prit, pendant un mois, les soirs et les matins,
Et, par enchantement guéri, le maniaque
Largement reconnut ma recette et mes soins,
Car je l'avais sauvé... Pouvait-il faire moins ?

CAMILLE.

En quoi donc consistait la magique ordonnance ?

LE MÉDECIN.

En boulettes de pain... *Mica panis !* Ce nom
Produit, en pareil cas, une douce influence,
Et valut à plus d'un l'argent et le renom.

CAMILLE.

Mon père, on vous attend.

LE MÉDECIN.

Voilà que je babille.
Au revoir, mon enfant ! Ah ! comme elle est gentille !
(*Il sort.*)

SCÈNE IV.

CAMILLE, *seule.*

Mon cher père, je vais, avant votre retour,
Relire les beaux vers du galant troubadour.
 (*Lisant.*)
  « Vous dont l'image enchanteresse
  » Fait doucement rêver mon cœur,
  » Apparaissez à ma jeunesse
  « Comme l'ange de mon bonheur.
  » Vous serez l'astre, à son aurore,
  » Qui des cieux veillera sur moi...
» J'ai trouvé mon Elvire et mon Éléonore ;
» Je vous aime, je t'aime, et n'espère qu'en toi.

  » J'irai vous cueillir la pervenche,
  » L'églantine, les dalhias,

» Et la fleur qui sur l'eau se penche,

» En disant : ne m'oubliez pas !

» Qu'entre vos mains, pressé d'éclore,

» Chaque bouton parle pour moi...

» J'ai trouvé mon Elvire et mon Éléonore ;

» Je vous aime, je t'aime et n'espère qu'en toi. »

Il n'espère qu'en moi... Je t'avoue, ô poète,

Qu'à t'adorer aussi je me sens toute prête :

Je n'aurais pas le cœur de te contrarier.

A quinze ans, n'est-on pas d'âge à se marier ?

Mes compagnes, ma foi, pourront jaser et rire,

Et mourir de dépit, je les laisserai dire,

Je les laisserai faire... ô le destin charmant !

Oh ! que le mariage est une belle chose !

On n'était qu'une enfant ; on se métamorphose

En femme, puis, plus tard, en petite maman.

On ne vous traite plus, comme à l'âge frivole,

De petite écolière et de petite folle ;

Un mari complaisant sait mettre son plaisir

A pouvoir contenter votre moindre désir ;

On a tout à souhait quand on entre en ménage ;

C'est le ciel ici-bas... Vive le mariage !...

Paul est pauvre, il est vrai... mais il s'enrichira ;

Il est gauche, timide... on le dégourdira !

Moi, je vais devenir la femme d'un poëte !

Je sens déjà l'orgueil me monter à la tête...

Mais mon père... à propos, voudra-t-il consentir

A mon bonheur ?... (*Entendant ouvrir.*) On vient...

6*

SCÈNE V.

CAMILLE, PAUL.

CAMILLE.

Et quoi ! c'est vous encore ?

PAUL.

J'ai, sans qu'il m'aperçût, vu le docteur sortir,
Et j'ai voulu revoir sa fille que j'adore...
Avez-vous lu mes vers ?

CAMILLE.

Oui, monsieur l'amoureux.

PAUL.

Comment les trouvez-vous ?

CAMILLE.

Un peu trop vaporeux.
Je ne comprends pas bien ce sublime langage.
Si vous rimez encor, tâchez, dorénavant,
D'être plus explicite et non pas si savant.
On veut connaître à quoi l'un et l'autre on s'engage...
De moi qu'attendez-vous ! Répondez sans détour...

PAUL.

Vous êtes mon seul rêve et mon premier amour.

CAMILLE.

D'un coupable dessein si votre âme bercée
Osait... Ah ! loin de moi cette affreuse pensée !
Ce serait trop cruel !... Vous m'aimez, dites-vous,
Ardemment !

PAUL.

Je le jure !

CAMILLE.

Eh bien, marions-nous !

PAUL , *embarrassé*.

Quoi ! si jeunes !

CAMILLE.

Songez au serment qui vous lie.

PAUL.

Je suis pauvre ; sans or en vain nous espérons
Le bonheur....

CAMILLE.

Au travail nous le demanderons.

PAUL.

Mais enfin, si, traitant nos projets de folie,
Votre père s'oppose à des nœuds si charmants?

CAMILLE.

Alors... vous m'enlevez !... comme dans les romans.

(Depuis un instant le médecin est entré sans être entendu,
et s'est avancé vers les jeunes gens.)

SCÈNE VI ET DERNIÈRE.

LES MÊMES, LE MÉDECIN.

LE MÉDECIN, *éclatant.*

Morbleu ! l'on méditait une belle équipée !
        (à Paul)
Sortez, sans plus attendre, infâme suborneur,
Qui des honnêtes gens venez ravir l'honneur !...
        (à Camille.)
Et toi, folle, au plus tôt retourne à ta poupée.

CAMILLE.

Mais, mon père...

LE MÉDECIN.

Tais-toi!

PAUL,

Mais, monsieur...

LE MÉDECIN.

Taisez-vous !

Sortez ! sortez ! vous dis-je, ou craignez mon courroux.
Pour séduire une enfant, en l'absence du père,
Au sein d'une maison, vous vous introduisez !...

PAUL.

Ne me condamnez pas sans m'entendre ; j'espère...

LE MÉDECIN.

Silence !

CAMILLE.

C'est à tort que vous nous accusez.
Tous deux nous nous aimons ; à notre mariage,
Mon père, obtiendrons-nous votre consentement ?

LE MÉDECIN.

Monsieur a dix-huit ans, et vous quinze ; vraiment,
Il n'est jamais trop tôt pour se mettre en ménage.
Le galant a, sans doute, un état lucratif,
Un riche patrimoine, une dot assez ronde,
Car il sait que l'on doit, pour vivre dans le monde,
Pouvoir à l'idéal joindre le positif ?...

PAUL.

Je n'ai, j'en fais l'aveu, ni fortune ni place ;
Mais, grâce à mes talents, j'ose espérer qu'un jour
Le ciel se montrera propice à notre amour.

LE MÉDECIN.

Eh bien ! loin du pays, allez, beau Lovelace,
Conquérir par vos vers un renom glorieux.
Rendez de vos succès vos rivaux furieux...
Pourtant, que plus ou moins votre couronne brille,
Revenez au plus tôt... avec beaucoup d'argent.

      (*à part.*)

Au solide toujours un père va songeant,
Surtout lorsqu'il s'agit du bonheur de sa fille,

      (*à Camille.*)

Et toi, souviens-toi bien que si, dorénavant,
On osait se permettre une esclandre nouvelle,
Je saurais faire ouvrir les portes d'un couvent,
Pour mettre à la raison ta tête sans cervelle.

PAUL , *au public.*

Mesdames et messieurs, en consultation
L'auteur de cette pièce auprès de vous m'envoie.
Il souffre, et vous tenez, c'est sa conviction,
Vous tenez en vos mains son malheur ou sa joie.
D'un sifflet (je frémis d'y penser seulement),
Si le bruit discordant arrive à son oreille,
Sa douleur, croyez-moi, n'aura pas de pareille.
Mais vous applaudirez... là... vigoureusement...
Bon !... Le voilà guéri miraculeusement.

TABLE DES MATIÈRES.

CHANSONS.

CHŒURS.

FABLES.

POÉSIES DIVERSES.

FIN DE LA TABLE.

Imp. FÉLIX MALTESTE et Cie., rue des Deux-Portes-St-Sauveur, 22.

www.ingramcontent.com/pod-product-compliance
Ingram Content Group UK Ltd.
Pitfield, Milton Keynes, MK11 3LW, UK
UKHW031841170726
13836UKWH00004B/1824